MW01292875

My morning declaration:

My BIG 5:

1	
2	
3	
4	
5	

My values:

1	
2	
3	
4	
5	

Legenda:

20-20-20 — The first hour of the day that is spent with movement, reflection and study

 Get up at 5 am to start your 20-20-20

 The first 20 minutes of the 20-20-20 are spent exercising to elevate your heart rate.

 The second 20 minutes is spent in reflection:meditation and/or journaling

 The last 20 minutes of the first hour are spent learning something new.

 Spend 90 days the first 90 minutes on one goal only.

 Second Wind Workout: in the afternoon go for a workout to feel fit for the rest of your day.

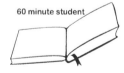 Study every day for an hour

This Journal is based on the practices described in Robin Sharma's book "the 5 am club" and the Mindvalley quest "Hero, Genius Legend". For further information on these practices please refer to the aforementioned resources.

I am:

1	14
2	15
3	16
4	17
5	18
6	19
7	20
8	21
9	22
10	23
11	24
12	25
13	

Personal notes:

Date:

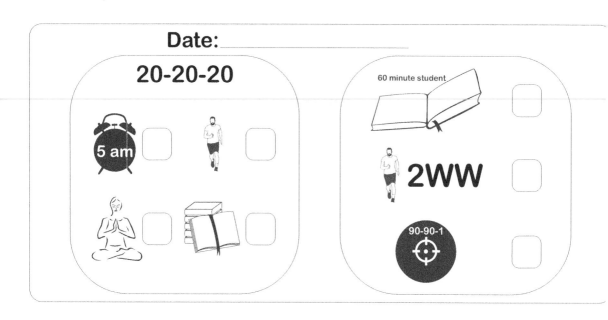

20-20-20

5 am

60 minute student

2WW

90-90-1

Gratitude:

My 5 daily wins:

1

2

3

4

5

I am:

1	14
2	15
3	16
4	17
5	18
6	19
7	20
8	21
9	22
10	23
11	24
12	25
13	

Personal notes:

Date:_____

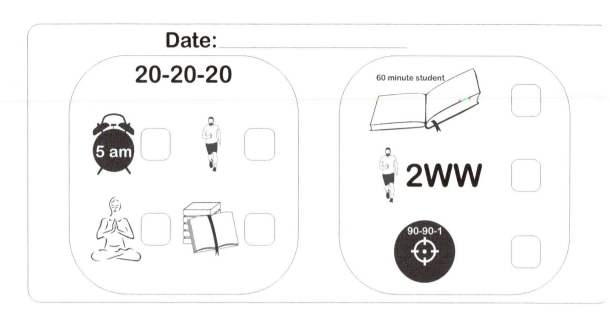

Gratitude:

My 5 daily wins:

1	
2	
3	
4	
5	

I am:

1	14
2	15
3	16
4	17
5	18
6	19
7	20
8	21
9	22
10	23
11	24
12	25
13	

Personal notes:

Date: _____

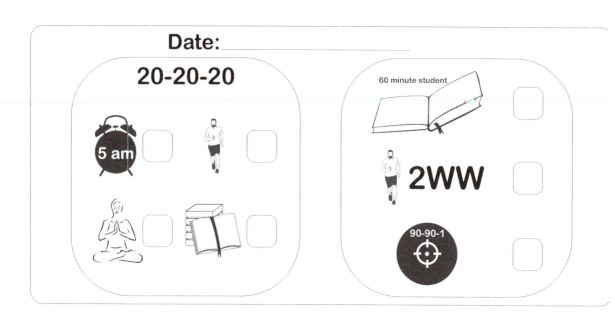

20-20-20

5 am

60 minute student

2WW

90-90-1

Gratitude:

My 5 daily wins:

1
2
3
4
5

I am:

1	14
2	15
3	16
4	17
5	18
6	19
7	20
8	21
9	22
10	23
11	24
12	25
13	

Personal notes:

Date:

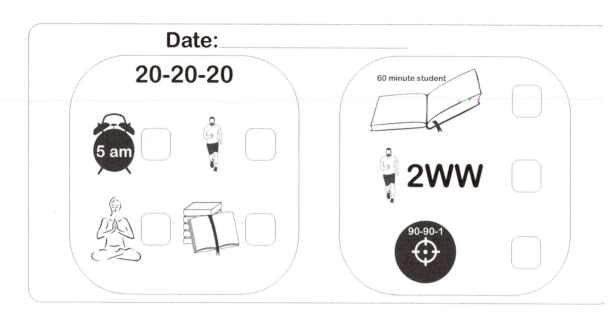

Gratitude:

My 5 daily wins:

1
2
3
4
5

I am:

1	14
2	15
3	16
4	17
5	18
6	19
7	20
8	21
9	22
10	23
11	24
12	25
13	

Personal notes:

Date:_____

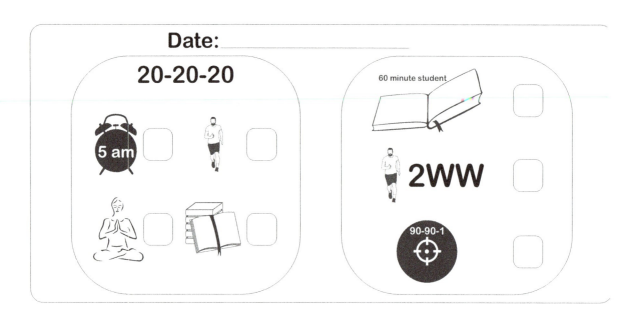

Gratitude:

My 5 daily wins:

1
2
3
4
5

I am:

1	14
2	15
3	16
4	17
5	18
6	19
7	20
8	21
9	22
10	23
11	24
12	25
13	

Personal notes:

Date:_____

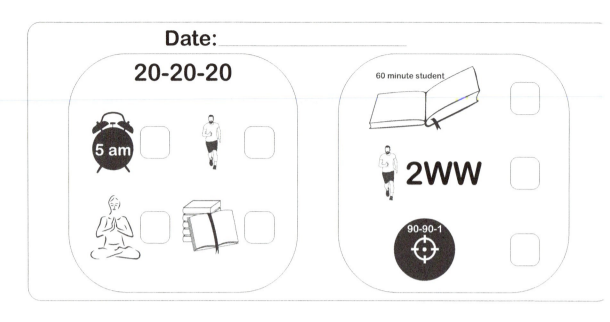

Gratitude:

My 5 daily wins:

1
2
3
4
5

I am:

1	14
2	15
3	16
4	17
5	18
6	19
7	20
8	21
9	22
10	23
11	24
12	25
13	

Personal notes:

Date:_____

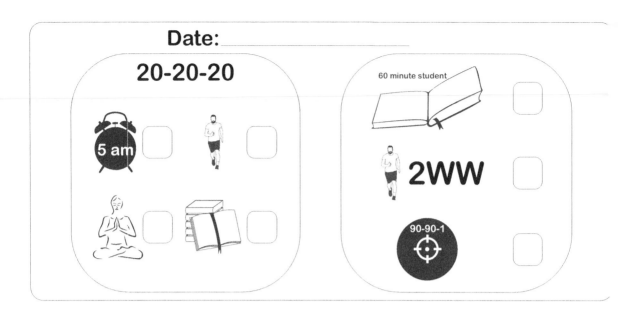

20-20-20

5 am

60 minute student

2WW

90-90-1

Gratitude:

My 5 daily wins:

1
2
3
4
5

I am:

1	14
2	15
3	16
4	17
5	18
6	19
7	20
8	21
9	22
10	23
11	24
12	25
13	

Personal notes:

Date: _____

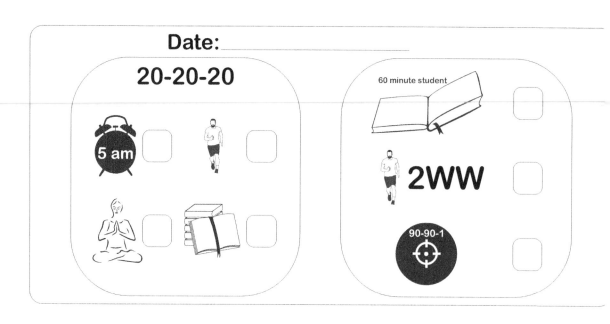

Gratitude:

My 5 daily wins:

1
2
3
4
5

I am:

1	14
2	15
3	16
4	17
5	18
6	19
7	20
8	21
9	22
10	23
11	24
12	25
13	

Personal notes:

Date: _____

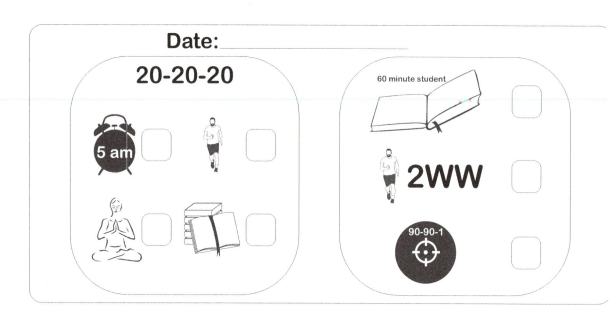

20-20-20

5 am

60 minute student

2WW

90-90-1

Gratitude:

My 5 daily wins:

1
2
3
4
5

I am:

1	14
2	15
3	16
4	17
5	18
6	19
7	20
8	21
9	22
10	23
11	24
12	25
13	

Personal notes:

Date:

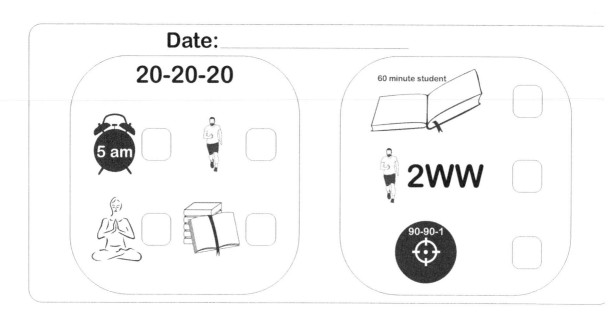

20-20-20

5 am

60 minute student

2WW

90-90-1

Gratitude:

My 5 daily wins:

1	
2	
3	
4	
5	

I am:

1	14
2	15
3	16
4	17
5	18
6	19
7	20
8	21
9	22
10	23
11	24
12	25
13	

Personal notes:

Date:_____

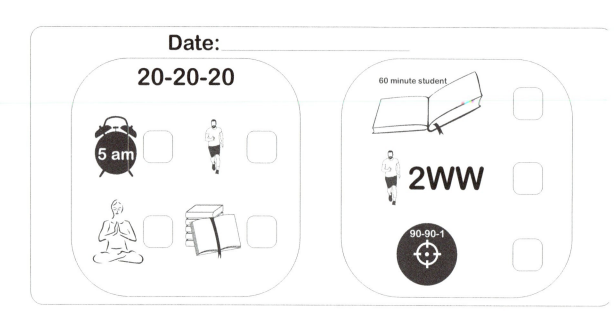

20-20-20

5 am

60 minute student

2WW

90-90-1

Gratitude:

My 5 daily wins:

1
2
3
4
5

I am:

1	14
2	15
3	16
4	17
5	18
6	19
7	20
8	21
9	22
10	23
11	24
12	25
13	

Personal notes:

Date: _____

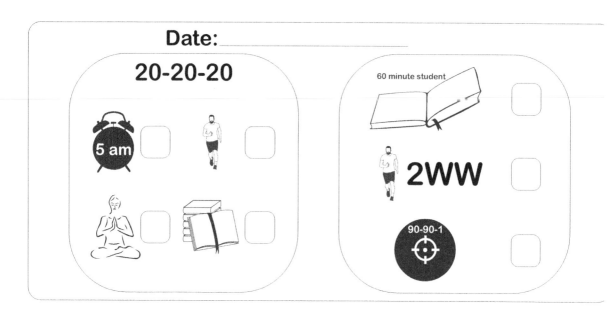

Gratitude:

My 5 daily wins:

1	
2	
3	
4	
5	

I am:

1	14
2	15
3	16
4	17
5	18
6	19
7	20
8	21
9	22
10	23
11	24
12	25
13	

Personal notes:

Date:

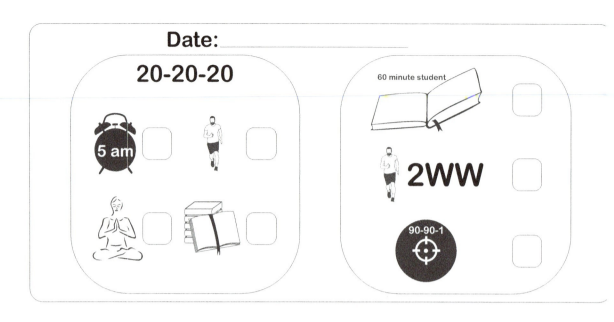

Gratitude:

My 5 daily wins:

1
2
3
4
5

I am:

1	14
2	15
3	16
4	17
5	18
6	19
7	20
8	21
9	22
10	23
11	24
12	25
13	

Personal notes:

Date:

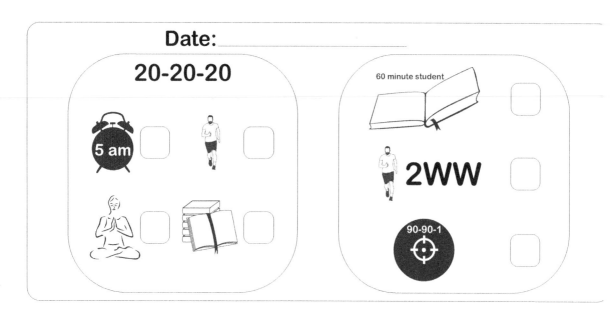

Gratitude:

My 5 daily wins:

1
2
3
4
5

I am:

1	14
2	15
3	16
4	17
5	18
6	19
7	20
8	21
9	22
10	23
11	24
12	25
13	

Personal notes:

Date:_____

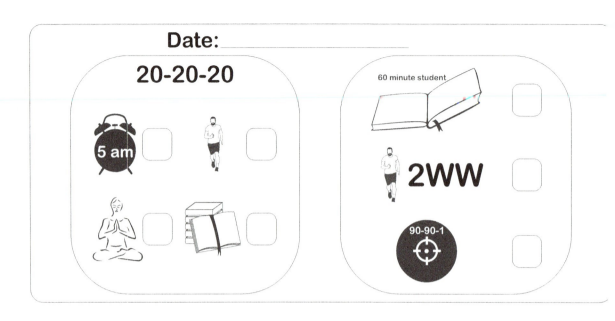

Gratitude:

| |
| |
| |
| |
| |
| |
| |
| |
| |
| |
| |

My 5 daily wins:

1	
2	
3	
4	
5	

I am:

1	14
2	15
3	16
4	17
5	18
6	19
7	20
8	21
9	22
10	23
11	24
12	25
13	

Personal notes:

Date:_____

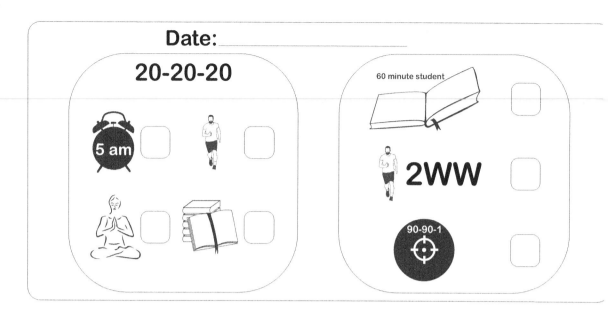

Gratitude:

My 5 daily wins:

1
2
3
4
5

I am:

1	14
2	15
3	16
4	17
5	18
6	19
7	20
8	21
9	22
10	23
11	24
12	25
13	

Personal notes:

Date:_____

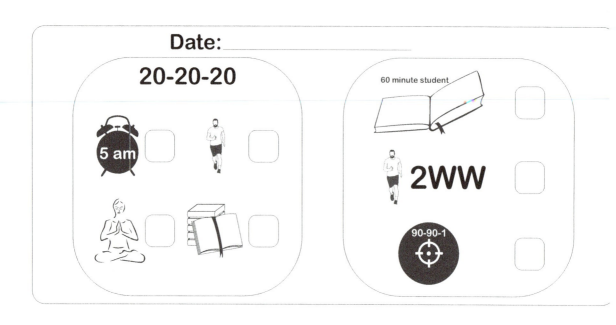

Gratitude:

My 5 daily wins:

1
2
3
4
5

I am:

1	14
2	15
3	16
4	17
5	18
6	19
7	20
8	21
9	22
10	23
11	24
12	25
13	

Personal notes:

Date:_____

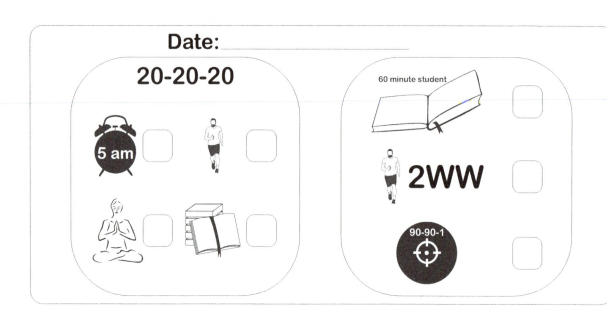

20-20-20

5 am

60 minute student

2WW

90-90-1

Gratitude:

My 5 daily wins:

1	
2	
3	
4	
5	

I am:

1	14
2	15
3	16
4	17
5	18
6	19
7	20
8	21
9	22
10	23
11	24
12	25
13	

Personal notes:

Date:_____

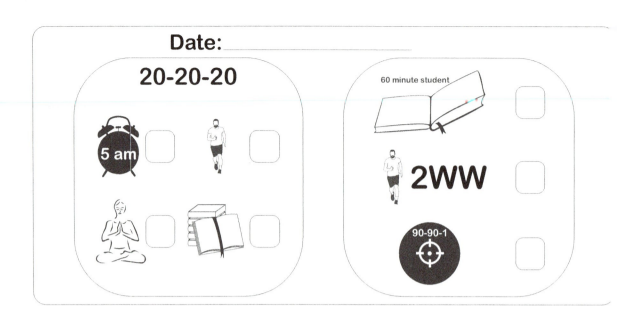

20-20-20

5 am

60 minute student

2WW

90-90-1

Gratitude:

| |
| |
| |
| |
| |
| |
| |
| |
| |
| |
| |
| |

My 5 daily wins:

1	
2	
3	
4	
5	

I am:

1	14
2	15
3	16
4	17
5	18
6	19
7	20
8	21
9	22
10	23
11	24
12	25
13	

Personal notes:

Date: _____

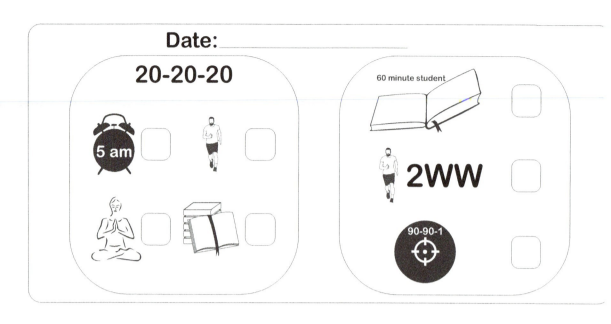

20-20-20

5 am

60 minute student

2WW

90-90-1

Gratitude:

My 5 daily wins:

1
2
3
4
5

I am:

1	14
2	15
3	16
4	17
5	18
6	19
7	20
8	21
9	22
10	23
11	24
12	25
13	

Personal notes:

Date: _____

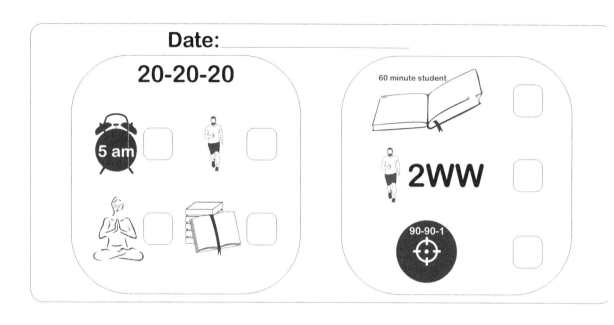

20-20-20

5 am

60 minute student

2WW

90-90-1

Gratitude:

My 5 daily wins:

1	
2	
3	
4	
5	

I am:

1	14
2	15
3	16
4	17
5	18
6	19
7	20
8	21
9	22
10	23
11	24
12	25
13	

Personal notes:

Date:

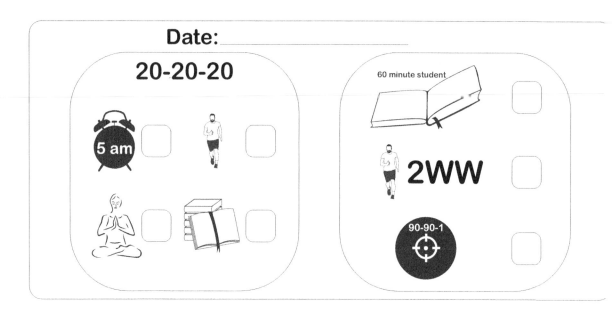

20-20-20

5 am

60 minute student

2WW

90-90-1

Gratitude:

My 5 daily wins:

1	
2	
3	
4	
5	

I am:

1	14
2	15
3	16
4	17
5	18
6	19
7	20
8	21
9	22
10	23
11	24
12	25
13	

Personal notes:

Date:

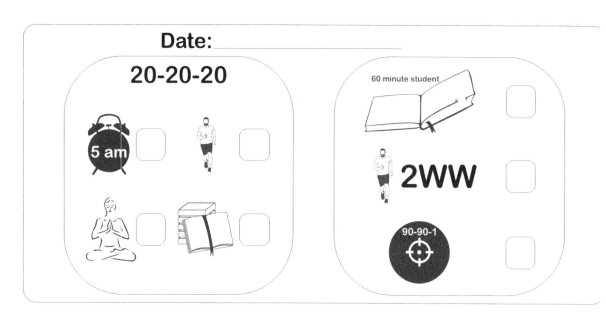

20-20-20

5 am

60 minute student

2WW

90-90-1

Gratitude:

My 5 daily wins:

1

2

3

4

5

I am:

1	14
2	15
3	16
4	17
5	18
6	19
7	20
8	21
9	22
10	23
11	24
12	25
13	

Personal notes:

Date:

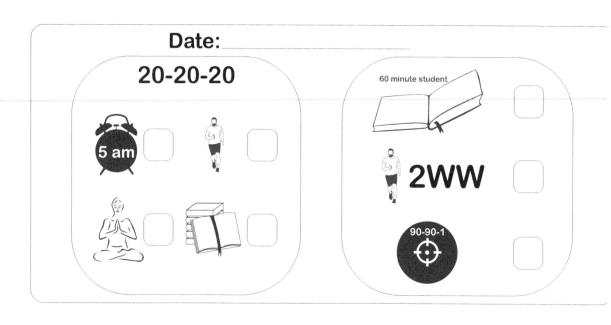

20-20-20

60 minute student

2WW

90-90-1

Gratitude:

My 5 daily wins:

1	
2	
3	
4	
5	

I am:

1	14
2	15
3	16
4	17
5	18
6	19
7	20
8	21
9	22
10	23
11	24
12	25
13	

Personal notes:

Date:_____

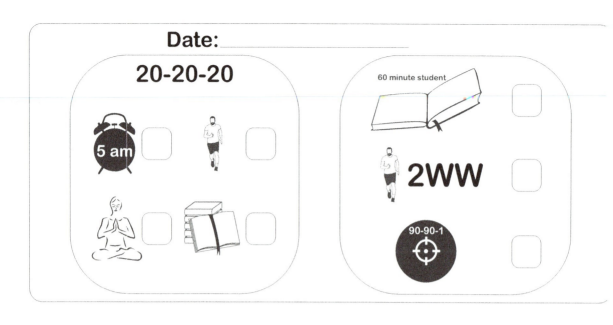

Gratitude:

My 5 daily wins:

1	
2	
3	
4	
5	

I am:

1	14
2	15
3	16
4	17
5	18
6	19
7	20
8	21
9	22
10	23
11	24
12	25
13	

Personal notes:

Date: _____

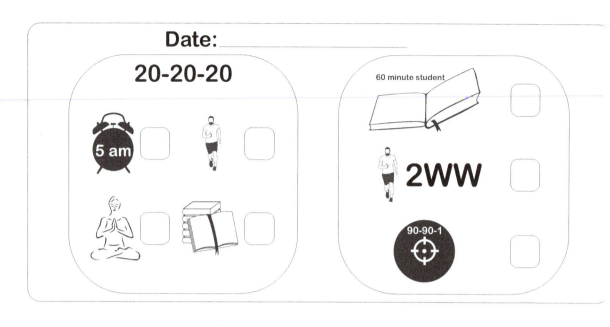

20-20-20

5 am

60 minute student

2WW

90-90-1

Gratitude:

My 5 daily wins:

1
2
3
4
5

I am:

1	14
2	15
3	16
4	17
5	18
6	19
7	20
8	21
9	22
10	23
11	24
12	25
13	

Personal notes:

Date: _____

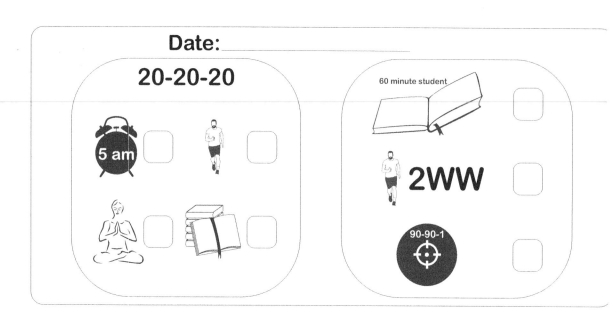

Gratitude:

My 5 daily wins:

1
2
3
4
5

I am:

1	14
2	15
3	16
4	17
5	18
6	19
7	20
8	21
9	22
10	23
11	24
12	25
13	

Personal notes:

Date:

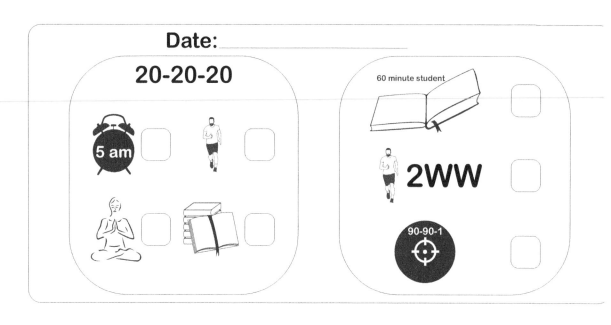

20-20-20

5 am

60 minute student

2WW

90-90-1

Gratitude:

My 5 daily wins:

1	
2	
3	
4	
5	

I am:

1	14
2	15
3	16
4	17
5	18
6	19
7	20
8	21
9	22
10	23
11	24
12	25
13	

Personal notes:

Date:_____

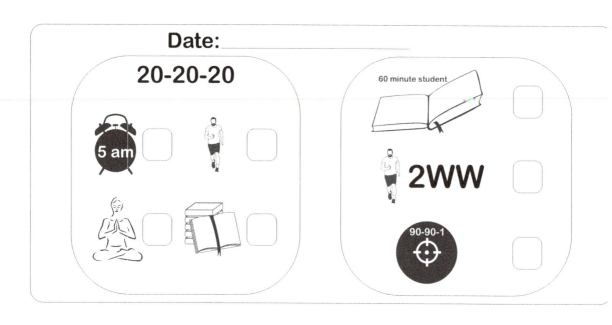

20-20-20

5 am

60 minute student

2WW

90-90-1

Gratitude:

My 5 daily wins:

1
2
3
4
5

I am:

1	14
2	15
3	16
4	17
5	18
6	19
7	20
8	21
9	22
10	23
11	24
12	25
13	

Personal notes:

Date:_____

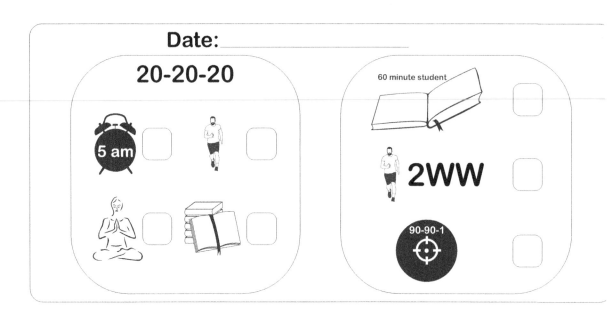

Gratitude:

My 5 daily wins:

1	
2	
3	
4	
5	

I am:

1	14
2	15
3	16
4	17
5	18
6	19
7	20
8	21
9	22
10	23
11	24
12	25
13	

Personal notes:

Date:

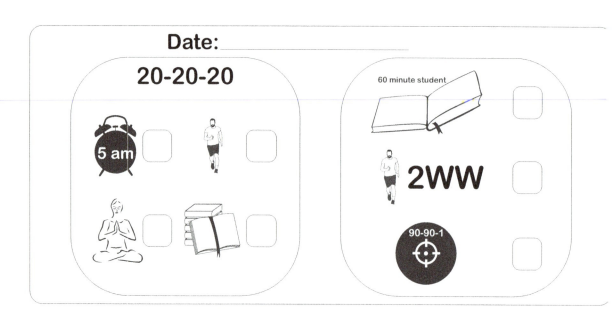

Gratitude:

My 5 daily wins:

1
2
3
4
5

I am:

1	14
2	15
3	16
4	17
5	18
6	19
7	20
8	21
9	22
10	23
11	24
12	25
13	

Personal notes:

Date:_____

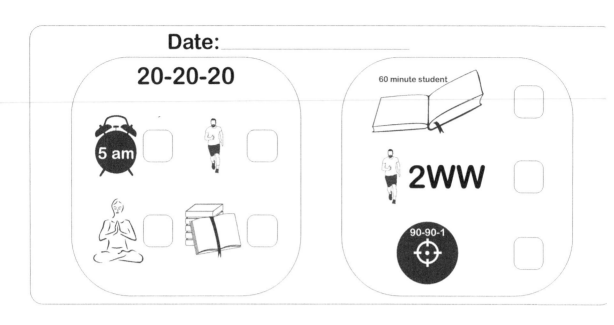

Gratitude:

My 5 daily wins:

1	
2	
3	
4	
5	

I am:

1	14
2	15
3	16
4	17
5	18
6	19
7	20
8	21
9	22
10	23
11	24
12	25
13	

Personal notes:

Date: _____

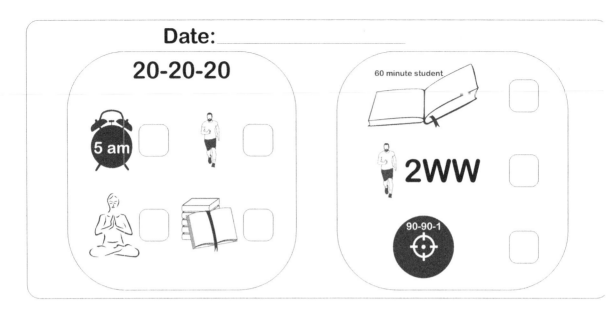

Gratitude:

My 5 daily wins:

1	
2	
3	
4	
5	

I am:

1	14
2	15
3	16
4	17
5	18
6	19
7	20
8	21
9	22
10	23
11	24
12	25
13	

Personal notes:

Date:

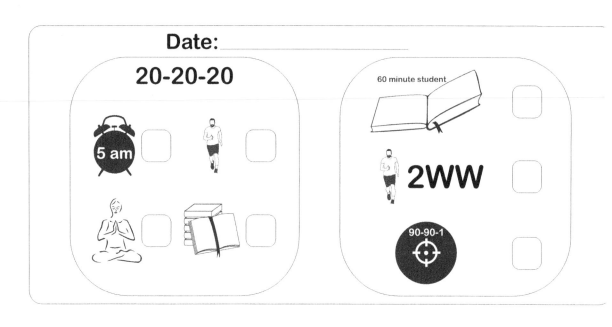

Gratitude:

My 5 daily wins:

1	
2	
3	
4	
5	

I am:

1	14
2	15
3	16
4	17
5	18
6	19
7	20
8	21
9	22
10	23
11	24
12	25
13	

Personal notes:

Date:

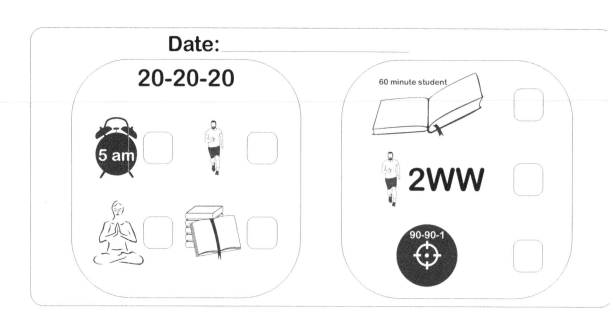

20-20-20

5 am

60 minute student

2WW

90-90-1

Gratitude:

My 5 daily wins:

1
2
3
4
5

I am:

1	14
2	15
3	16
4	17
5	18
6	19
7	20
8	21
9	22
10	23
11	24
12	25
13	

Personal notes:

Date:_____

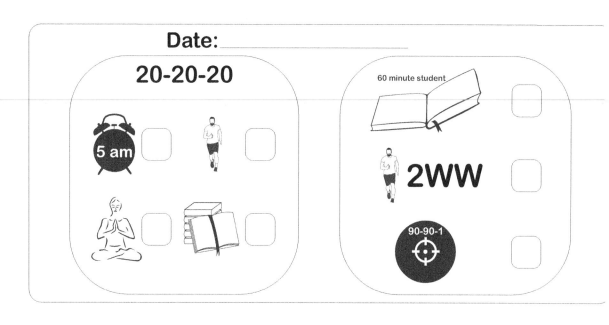

Gratitude:

My 5 daily wins:

1
2
3
4
5

I am:

1	14
2	15
3	16
4	17
5	18
6	19
7	20
8	21
9	22
10	23
11	24
12	25
13	

Personal notes:

Date:

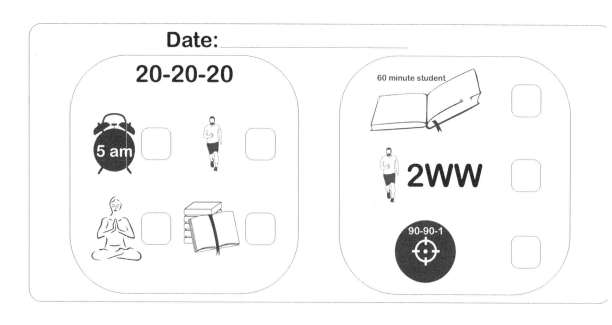

20-20-20

5 am

60 minute student

2WW

90-90-1

Gratitude:

My 5 daily wins:

1
2
3
4
5

I am:

1	14
2	15
3	16
4	17
5	18
6	19
7	20
8	21
9	22
10	23
11	24
12	25
13	

Personal notes:

Date:

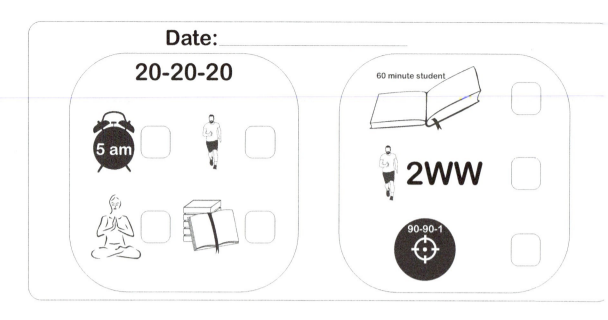

Gratitude:

My 5 daily wins:

1	
2	
3	
4	
5	

I am:

1	14
2	15
3	16
4	17
5	18
6	19
7	20
8	21
9	22
10	23
11	24
12	25
13	

Personal notes:

Date:

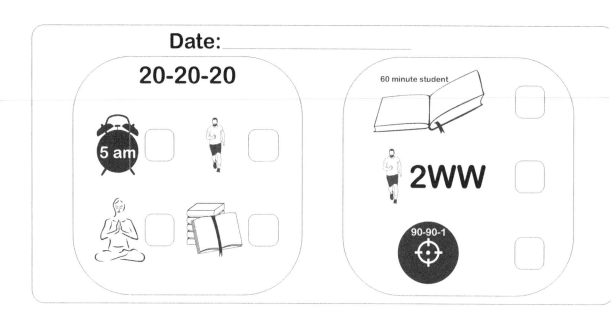

20-20-20

5 am

60 minute student

2WW

90-90-1

Gratitude:

My 5 daily wins:

1
2
3
4
5

I am:

1	14
2	15
3	16
4	17
5	18
6	19
7	20
8	21
9	22
10	23
11	24
12	25
13	

Personal notes:

Date: _____

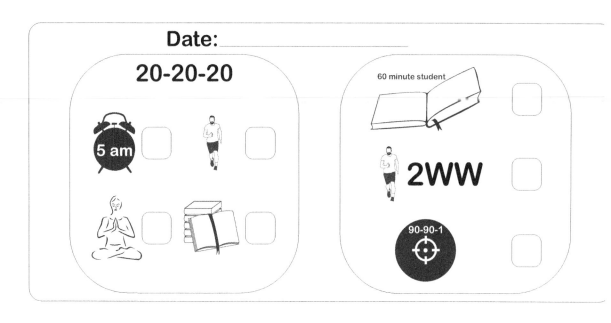

Gratitude:

My 5 daily wins:

1	
2	
3	
4	
5	

I am:

1	14
2	15
3	16
4	17
5	18
6	19
7	20
8	21
9	22
10	23
11	24
12	25
13	

Personal notes:

Date:_____

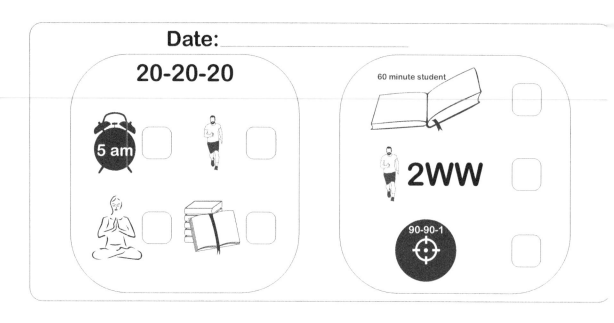

Gratitude:

My 5 daily wins:

1
2
3
4
5

I am:

1	14
2	15
3	16
4	17
5	18
6	19
7	20
8	21
9	22
10	23
11	24
12	25
13	

Personal notes:

Date:_____

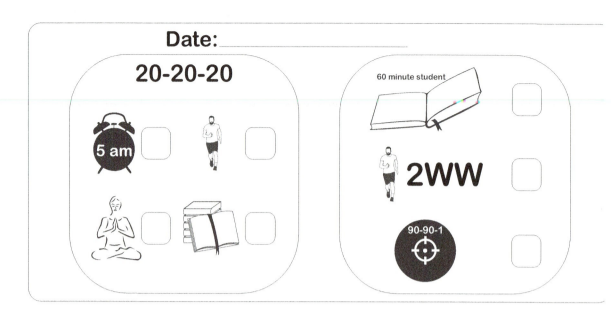

20-20-20

5 am

60 minute student

2WW

90-90-1

Gratitude:

My 5 daily wins:

1	
2	
3	
4	
5	

I am:

1	14
2	15
3	16
4	17
5	18
6	19
7	20
8	21
9	22
10	23
11	24
12	25
13	

Personal notes:

Date:

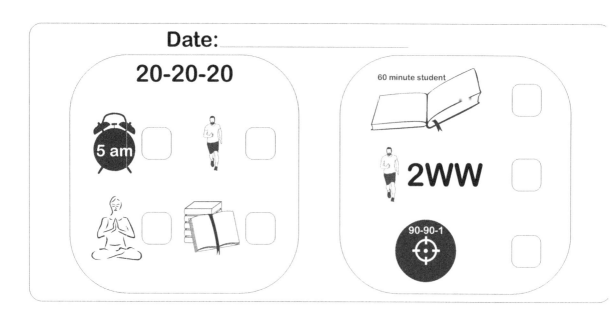

20-20-20

5 am

60 minute student

2WW

90-90-1

Gratitude:

My 5 daily wins:

1
2
3
4
5

I am:

1	14
2	15
3	16
4	17
5	18
6	19
7	20
8	21
9	22
10	23
11	24
12	25
13	

Personal notes:

Date:_____

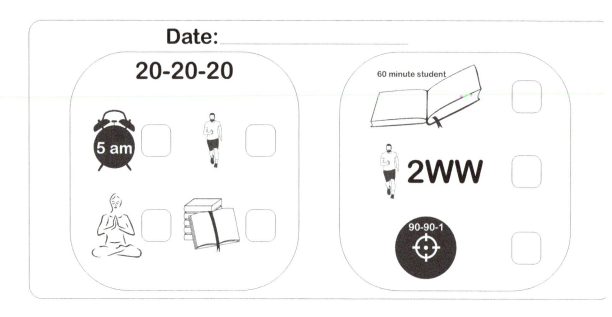

Gratitude:

My 5 daily wins:

1	
2	
3	
4	
5	

I am:

1	14
2	15
3	16
4	17
5	18
6	19
7	20
8	21
9	22
10	23
11	24
12	25
13	

Personal notes:

Date:

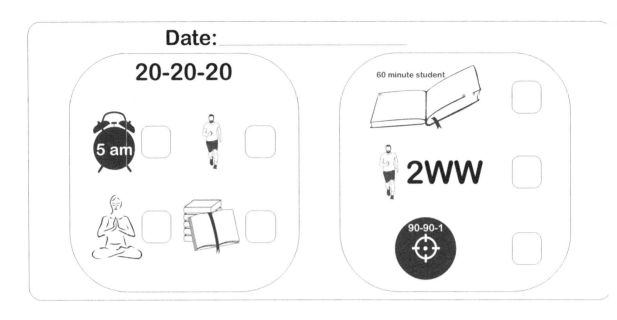

Gratitude:

My 5 daily wins:

1	
2	
3	
4	
5	

I am:

1	14
2	15
3	16
4	17
5	18
6	19
7	20
8	21
9	22
10	23
11	24
12	25
13	

Personal notes:

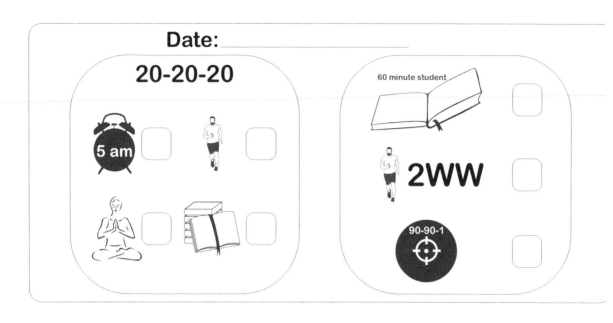

Gratitude:

My 5 daily wins:

1	
2	
3	
4	
5	

I am:

1	14
2	15
3	16
4	17
5	18
6	19
7	20
8	21
9	22
10	23
11	24
12	25
13	

Personal notes:

Date:

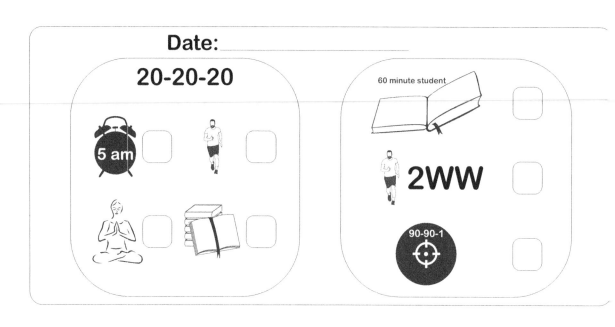

20-20-20

5 am

60 minute student

2WW

90-90-1

Gratitude:

My 5 daily wins:

1	
2	
3	
4	
5	

I am:

1	14
2	15
3	16
4	17
5	18
6	19
7	20
8	21
9	22
10	23
11	24
12	25
13	

Personal notes:

Date:_____

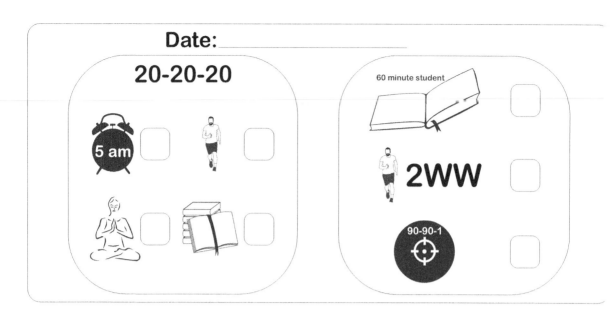

Gratitude:

| |
| |
| |
| |
| |
| |
| |
| |
| |
| |
| |

My 5 daily wins:

1
2
3
4
5

I am:

1	14
2	15
3	16
4	17
5	18
6	19
7	20
8	21
9	22
10	23
11	24
12	25
13	

Personal notes:

Date: _____

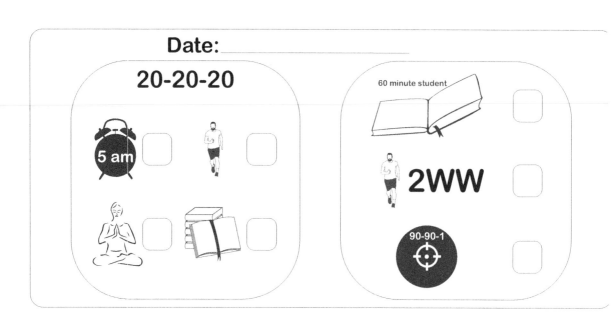

Gratitude:

| |
| |

My 5 daily wins:

1
2
3
4
5

I am:

1	14
2	15
3	16
4	17
5	18
6	19
7	20
8	21
9	22
10	23
11	24
12	25
13	

Personal notes:

Date:_____

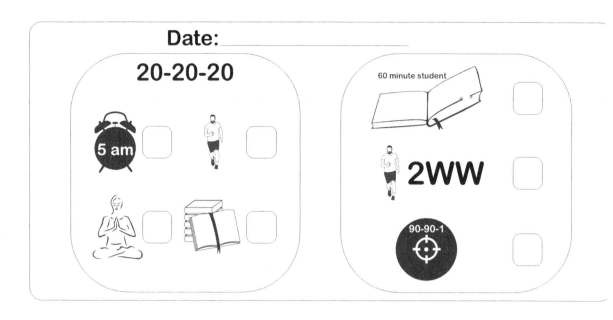

Gratitude:

My 5 daily wins:

1	
2	
3	
4	
5	

I am:

1	14
2	15
3	16
4	17
5	18
6	19
7	20
8	21
9	22
10	23
11	24
12	25
13	

Personal notes:

Date:

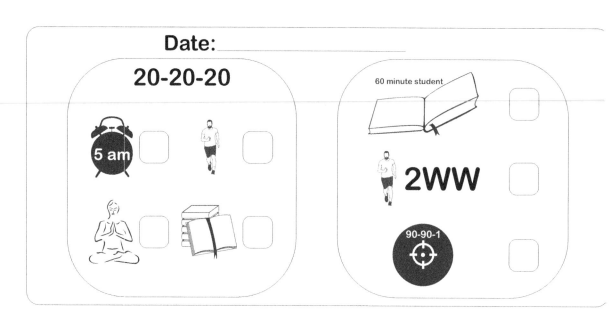

Gratitude:

My 5 daily wins:

1
2
3
4
5

I am:

1	14
2	15
3	16
4	17
5	18
6	19
7	20
8	21
9	22
10	23
11	24
12	25
13	

Personal notes:

Date:

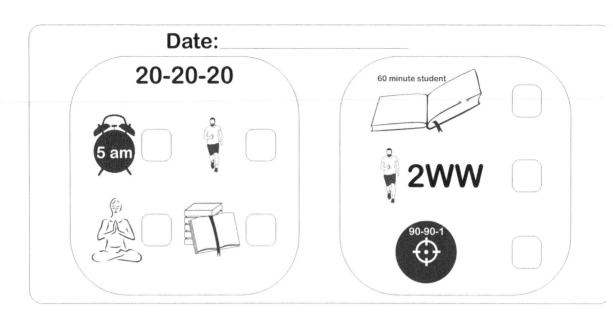

Gratitude:

My 5 daily wins:

1	
2	
3	
4	
5	

I am:

1	14
2	15
3	16
4	17
5	18
6	19
7	20
8	21
9	22
10	23
11	24
12	25
13	

Personal notes:

Date:_____

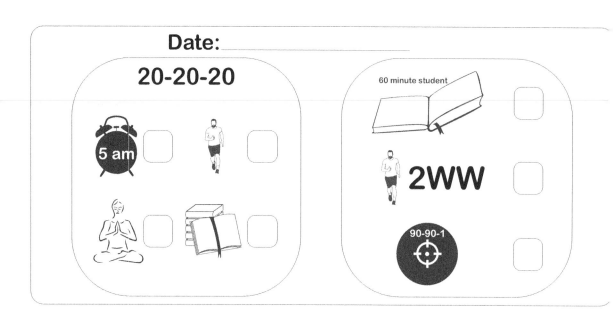

20-20-20

5 am

60 minute student

2WW

90-90-1

Gratitude:

| |
| |
| |
| |
| |
| |
| |
| |
| |
| |
| |
| |

My 5 daily wins:

1	
2	
3	
4	
5	

I am:

1	14
2	15
3	16
4	17
5	18
6	19
7	20
8	21
9	22
10	23
11	24
12	25
13	

Personal notes:

Date:_____

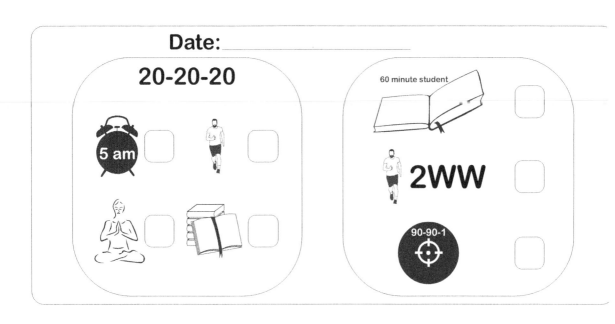

20-20-20

5 am

60 minute student

2WW

90-90-1

Gratitude:

My 5 daily wins:

1

2

3

4

5

I am:

1	14
2	15
3	16
4	17
5	18
6	19
7	20
8	21
9	22
10	23
11	24
12	25
13	

Personal notes:

Date: _____

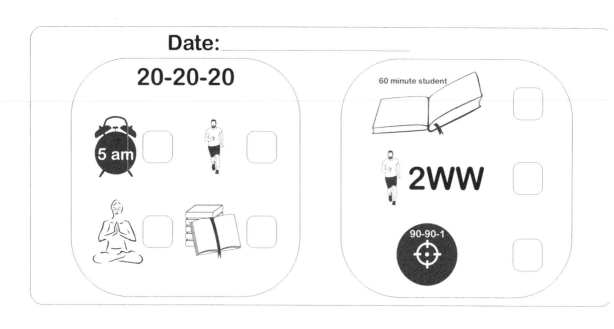

20-20-20

5 am

60 minute student

2WW

90-90-1

Gratitude:

My 5 daily wins:

1
2
3
4
5

I am:

1	14
2	15
3	16
4	17
5	18
6	19
7	20
8	21
9	22
10	23
11	24
12	25
13	

Personal notes:

Date:_____

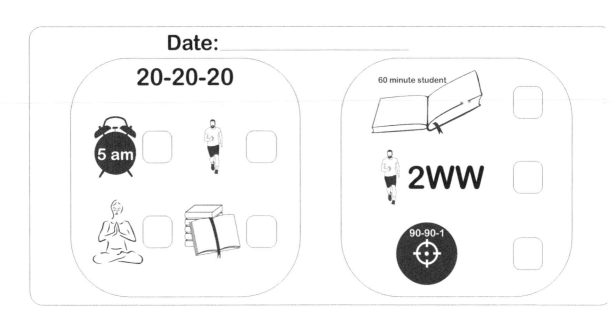

20-20-20

5 am

60 minute student

2WW

90-90-1

Gratitude:

My 5 daily wins:

1	
2	
3	
4	
5	

I am:

1	14
2	15
3	16
4	17
5	18
6	19
7	20
8	21
9	22
10	23
11	24
12	25
13	

Personal notes:

Date:_____

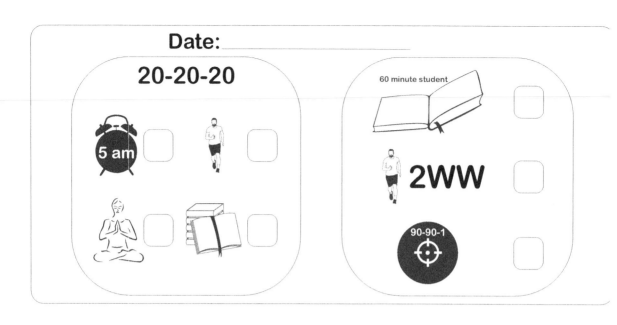

Gratitude:

My 5 daily wins:

1
2
3
4
5

I am:

1	14
2	15
3	16
4	17
5	18
6	19
7	20
8	21
9	22
10	23
11	24
12	25
13	

Personal notes:

Date:

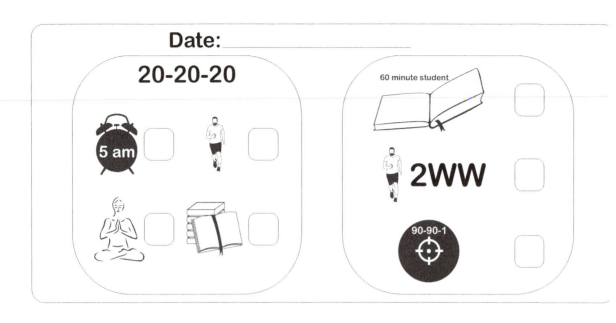

20-20-20

5 am

60 minute student

2WW

90-90-1

Gratitude:

My 5 daily wins:

1	
2	
3	
4	
5	

I am:

1	14
2	15
3	16
4	17
5	18
6	19
7	20
8	21
9	22
10	23
11	24
12	25
13	

Personal notes:

Date:_____

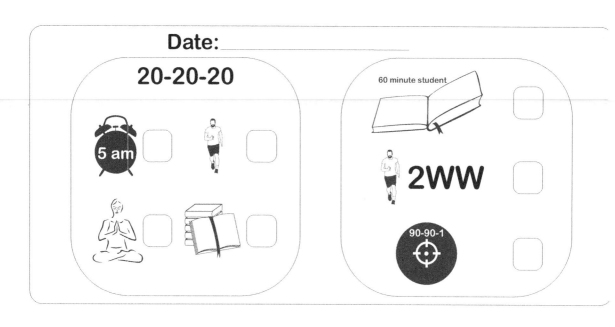

20-20-20

5 am

60 minute student

2WW

90-90-1

Gratitude:

My 5 daily wins:

1
2
3
4
5

I am:

1	14
2	15
3	16
4	17
5	18
6	19
7	20
8	21
9	22
10	23
11	24
12	25
13	

Personal notes:

Date:

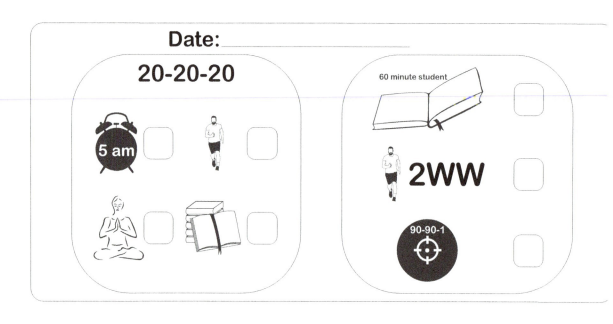

20-20-20

5 am

60 minute student

2WW

90-90-1

Gratitude:

My 5 daily wins:

1	
2	
3	
4	
5	

I am:

1	14
2	15
3	16
4	17
5	18
6	19
7	20
8	21
9	22
10	23
11	24
12	25
13	

Personal notes:

Date: _____

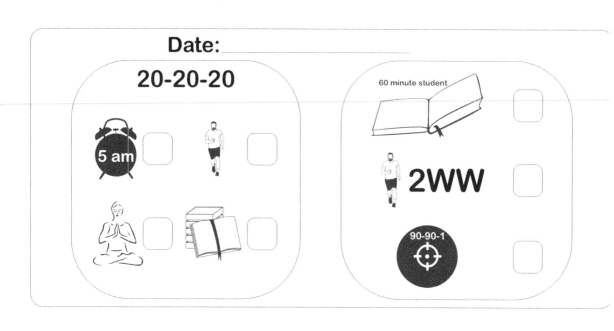

Gratitude:

My 5 daily wins:

1	
2	
3	
4	
5	

I am:

1	14
2	15
3	16
4	17
5	18
6	19
7	20
8	21
9	22
10	23
11	24
12	25
13	

Personal notes:

Date:

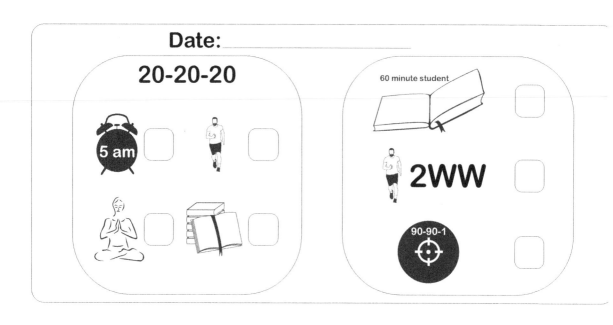

Gratitude:

My 5 daily wins:

1
2
3
4
5

I am:

1	14
2	15
3	16
4	17
5	18
6	19
7	20
8	21
9	22
10	23
11	24
12	25
13	

Personal notes:

Date:

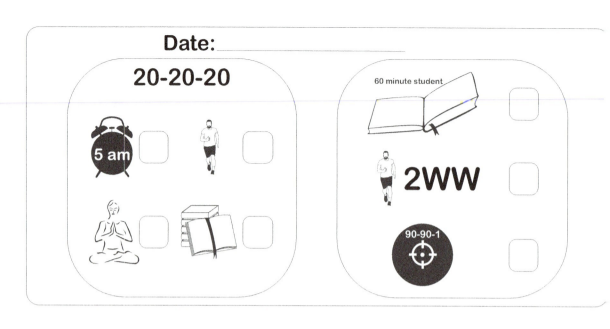

Gratitude:

My 5 daily wins:

1
2
3
4
5

I am:

1	14
2	15
3	16
4	17
5	18
6	19
7	20
8	21
9	22
10	23
11	24
12	25
13	

Personal notes:

Date:

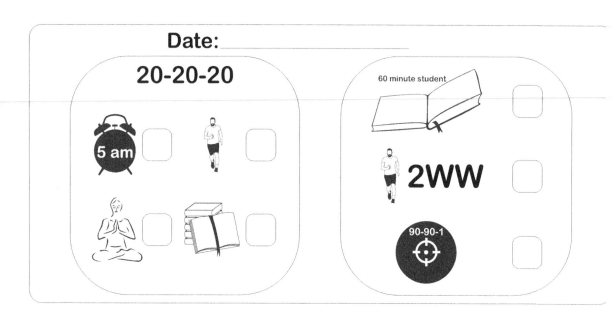

20-20-20

60 minute student

2WW

90-90-1

Gratitude:

My 5 daily wins:

1	
2	
3	
4	
5	

I am:

1	14
2	15
3	16
4	17
5	18
6	19
7	20
8	21
9	22
10	23
11	24
12	25
13	

Personal notes:

Date:

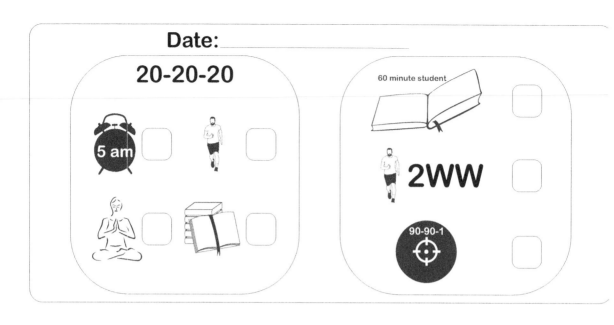

Gratitude:

My 5 daily wins:

1
2
3
4
5

I am:

1	14
2	15
3	16
4	17
5	18
6	19
7	20
8	21
9	22
10	23
11	24
12	25
13	

Personal notes:

Date:_____

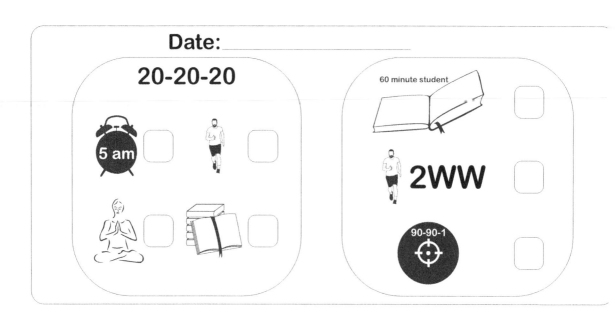

Gratitude:

My 5 daily wins:

1	
2	
3	
4	
5	

I am:

1	14
2	15
3	16
4	17
5	18
6	19
7	20
8	21
9	22
10	23
11	24
12	25
13	

Personal notes:

Date:

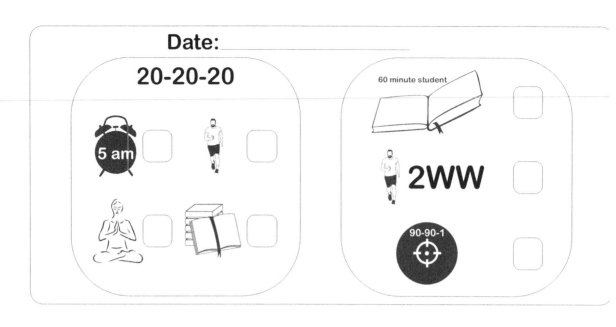

20-20-20

5 am

60 minute student

2WW

90-90-1

Gratitude:

My 5 daily wins:

1	
2	
3	
4	
5	

I am:

1	14
2	15
3	16
4	17
5	18
6	19
7	20
8	21
9	22
10	23
11	24
12	25
13	

Personal notes:

Date:_____

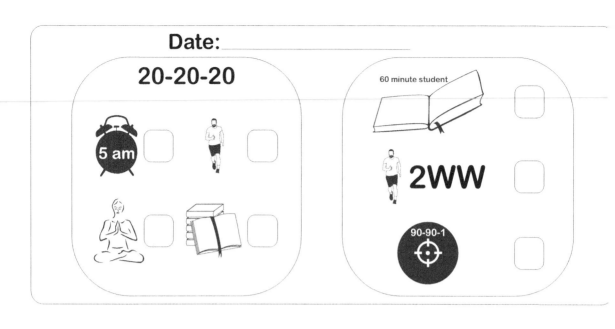

Gratitude:

My 5 daily wins:

1
2
3
4
5

I am:

1	14
2	15
3	16
4	17
5	18
6	19
7	20
8	21
9	22
10	23
11	24
12	25
13	

Personal notes:

Date:

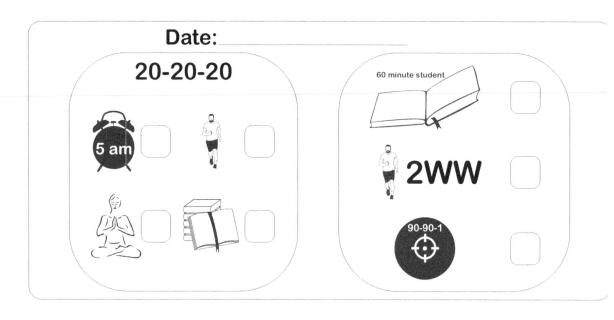

Gratitude:

My 5 daily wins:

1
2
3
4
5

I am:

1	14
2	15
3	16
4	17
5	18
6	19
7	20
8	21
9	22
10	23
11	24
12	25
13	

Personal notes:

Date: _____

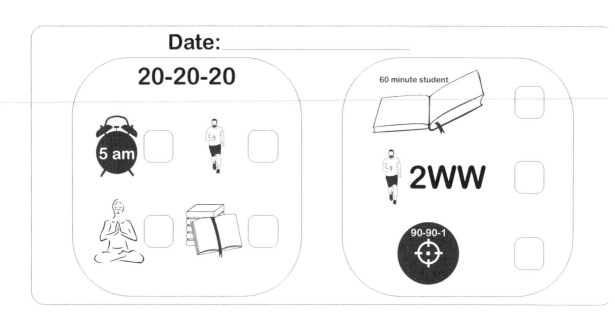

Gratitude:

My 5 daily wins:

1	
2	
3	
4	
5	

I am:

1	14
2	15
3	16
4	17
5	18
6	19
7	20
8	21
9	22
10	23
11	24
12	25
13	

Personal notes:

Date:_____

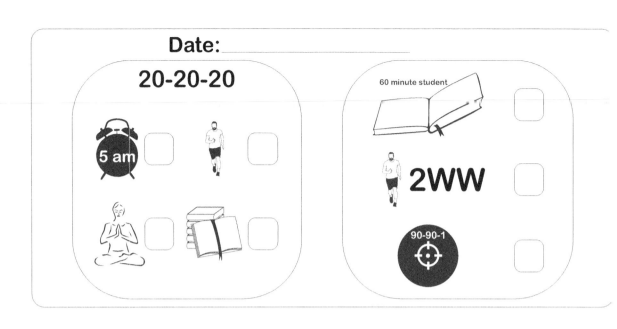

Gratitude:

My 5 daily wins:

1
2
3
4
5

I am:

1	14
2	15
3	16
4	17
5	18
6	19
7	20
8	21
9	22
10	23
11	24
12	25
13	

Personal notes:

Date:

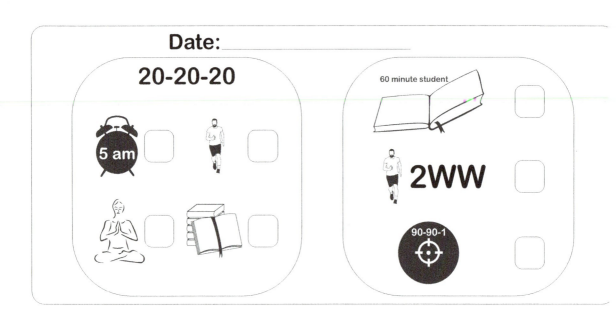

20-20-20

5 am

60 minute student

2WW

90-90-1

Gratitude:

My 5 daily wins:

1

2

3

4

5

I am:

1	14
2	15
3	16
4	17
5	18
6	19
7	20
8	21
9	22
10	23
11	24
12	25
13	

Personal notes:

Date:

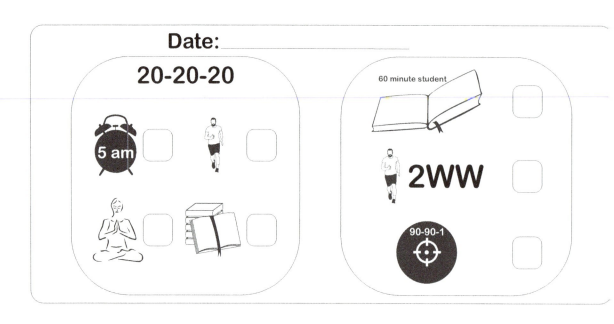

20-20-20

5 am

60 minute student

2WW

90-90-1

Gratitude:

My 5 daily wins:

1

2

3

4

5

I am:

1	14
2	15
3	16
4	17
5	18
6	19
7	20
8	21
9	22
10	23
11	24
12	25
13	

Personal notes:

Date: _____

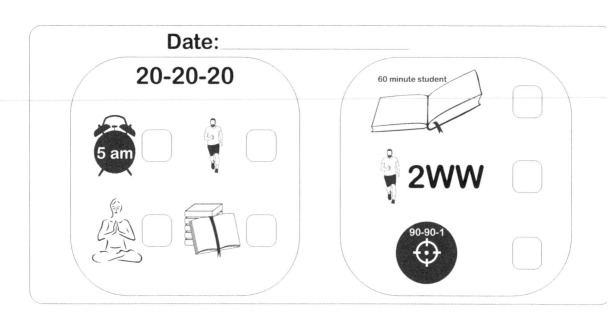

Gratitude:

My 5 daily wins:

1	
2	
3	
4	
5	

I am:

1	14
2	15
3	16
4	17
5	18
6	19
7	20
8	21
9	22
10	23
11	24
12	25
13	

Personal notes:

Date: _____

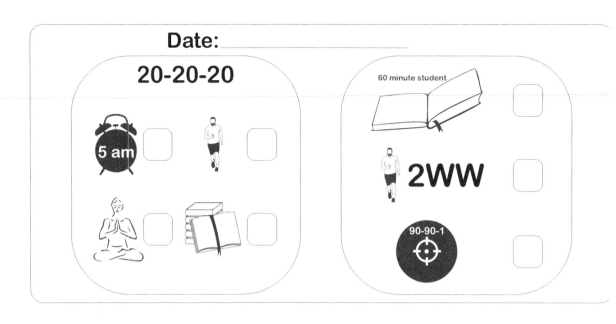

Gratitude:

My 5 daily wins:

1	
2	
3	
4	
5	

I am:

1	14
2	15
3	16
4	17
5	18
6	19
7	20
8	21
9	22
10	23
11	24
12	25
13	

Personal notes:

Date:

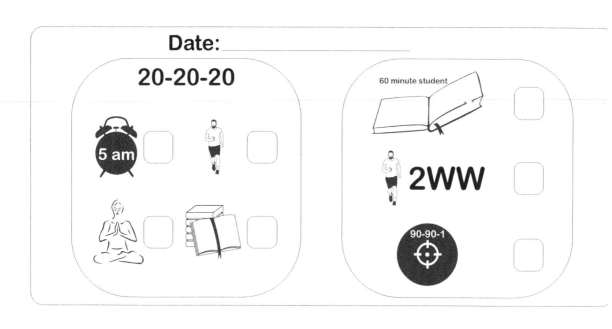

20-20-20

5 am

60 minute student

2WW

90-90-1

Gratitude:

My 5 daily wins:

1	
2	
3	
4	
5	

I am:

1	14
2	15
3	16
4	17
5	18
6	19
7	20
8	21
9	22
10	23
11	24
12	25
13	

Personal notes:

Date:_____

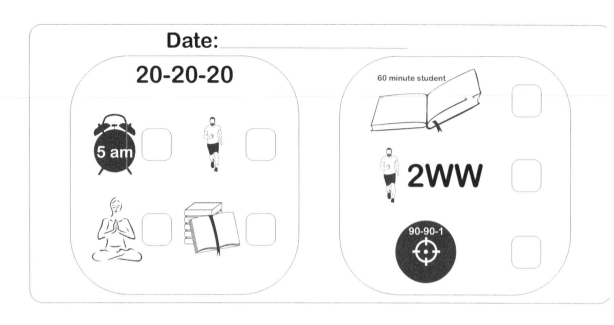

20-20-20

5 am

60 minute student

2WW

90-90-1

Gratitude:

My 5 daily wins:

1
2
3
4
5

I am:

1	14
2	15
3	16
4	17
5	18
6	19
7	20
8	21
9	22
10	23
11	24
12	25
13	

Personal notes:

Date:

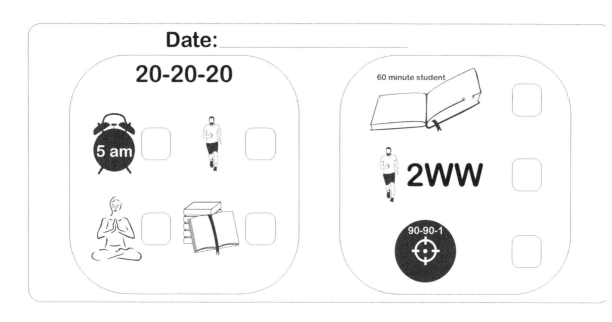

20-20-20

60 minute student

2WW

90-90-1

Gratitude:

My 5 daily wins:

1
2
3
4
5

I am:

1	14
2	15
3	16
4	17
5	18
6	19
7	20
8	21
9	22
10	23
11	24
12	25
13	

Personal notes:

Date: _____

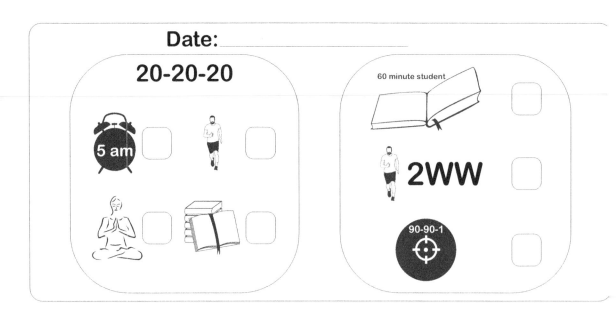

Gratitude:

My 5 daily wins:

1	
2	
3	
4	
5	

I am:

1	14
2	15
3	16
4	17
5	18
6	19
7	20
8	21
9	22
10	23
11	24
12	25
13	

Personal notes:

Date:_____

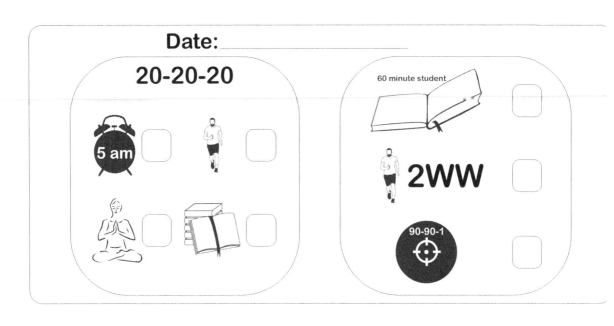

Gratitude:

My 5 daily wins:

1	
2	
3	
4	
5	

I am:

1	14
2	15
3	16
4	17
5	18
6	19
7	20
8	21
9	22
10	23
11	24
12	25
13	

Personal notes:

Date:_____

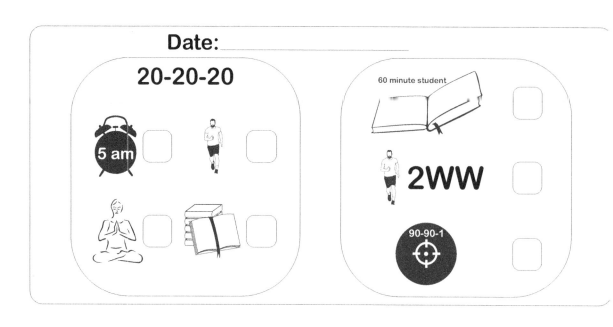

Gratitude:

My 5 daily wins:

1	
2	
3	
4	
5	

I am:

1	14
2	15
3	16
4	17
5	18
6	19
7	20
8	21
9	22
10	23
11	24
12	25
13	

Personal notes:

Date:_____

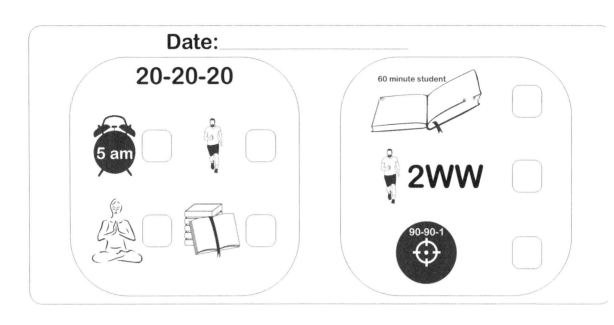

Gratitude:

My 5 daily wins:

1
2
3
4
5

I am:

1	14
2	15
3	16
4	17
5	18
6	19
7	20
8	21
9	22
10	23
11	24
12	25
13	

Personal notes:

Date:

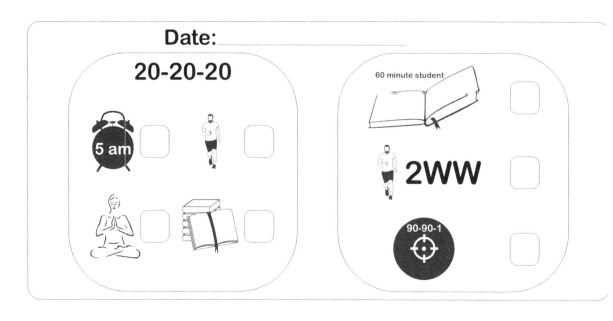

Gratitude:

My 5 daily wins:

1
2
3
4
5

I am:

1	14
2	15
3	16
4	17
5	18
6	19
7	20
8	21
9	22
10	23
11	24
12	25
13	

Personal notes:

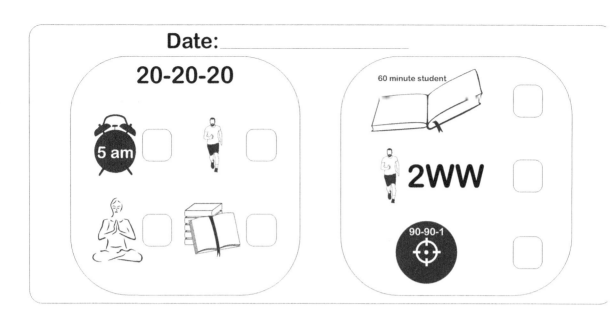

Gratitude:

My 5 daily wins:

1	
2	
3	
4	
5	

I am:

1	14
2	15
3	16
4	17
5	18
6	19
7	20
8	21
9	22
10	23
11	24
12	25
13	

Personal notes:

Date: _____

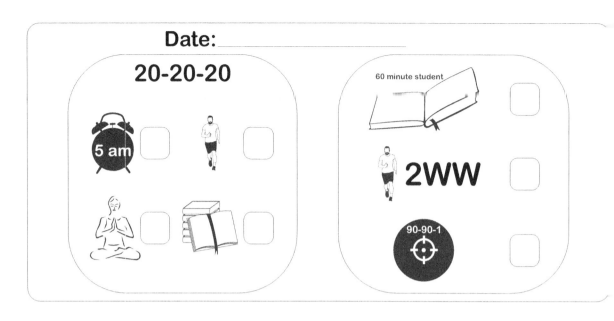

20-20-20

5 am

60 minute student

2WW

90-90-1

Gratitude:

My 5 daily wins:

1
2
3
4
5

I am:

1	14
2	15
3	16
4	17
5	18
6	19
7	20
8	21
9	22
10	23
11	24
12	25
13	

Personal notes:

Date:_____

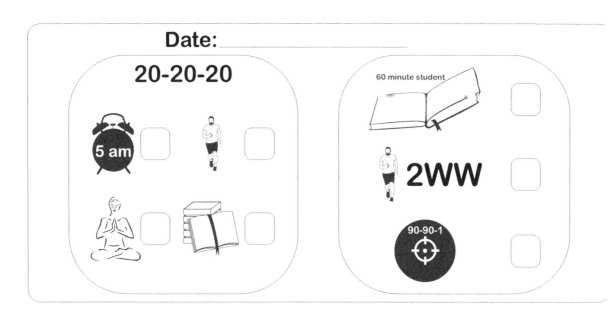

Gratitude:

My 5 daily wins:

1
2
3
4
5

I am:

1	14
2	15
3	16
4	17
5	18
6	19
7	20
8	21
9	22
10	23
11	24
12	25
13	

Personal notes:

Date: _____

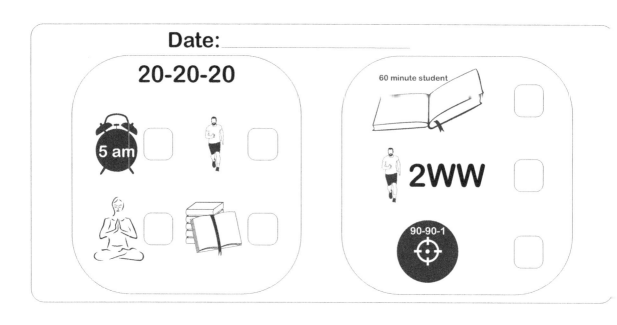

Gratitude:

My 5 daily wins:

1
2
3
4
5

I am:

1	14
2	15
3	16
4	17
5	18
6	19
7	20
8	21
9	22
10	23
11	24
12	25
13	

Personal notes:

Date:

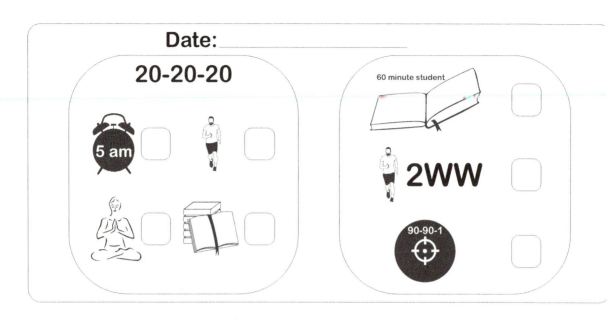

Gratitude:

My 5 daily wins:

1
2
3
4
5

I am:

1	14
2	15
3	16
4	17
5	18
6	19
7	20
8	21
9	22
10	23
11	24
12	25
13	

Personal notes:

Date: _____

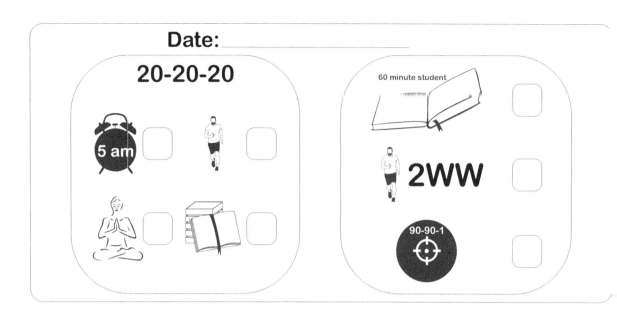

Gratitude:

| |
| |
| |
| |
| |
| |
| |
| |
| |
| |
| |

My 5 daily wins:

1	
2	
3	
4	
5	

I am:

1	14
2	15
3	16
4	17
5	18
6	19
7	20
8	21
9	22
10	23
11	24
12	25
13	

Personal notes:

Made in United States
Orlando, FL
16 January 2023

28738506R00104